BEI GRIN MACHT SICH IHR WISSEN BEZAHLT

AF130182

- Wir veröffentlichen Ihre Hausarbeit, Bachelor- und Masterarbeit

- Ihr eigenes eBook und Buch - weltweit in allen wichtigen Shops

- Verdienen Sie an jedem Verkauf

Jetzt bei www.GRIN.com hochladen und kostenlos publizieren

Bibliografische Information der Deutschen Nationalbibliothek:

Die Deutsche Bibliothek verzeichnet diese Publikation in der Deutschen National-
bibliografie; detaillierte bibliografische Daten sind im Internet über http://dnb.d-
nb.de/ abrufbar.

Impressum:

Copyright © 2015 GRIN Verlag, Open Publishing GmbH
Druck und Bindung: Books on Demand GmbH, Norderstedt Germany
ISBN: 9783668397170

Dieses Buch bei GRIN:

http://www.grin.com/de/e-book/353503/ausdauertraining-erlaeuterung-zur-aufstel-
lung-eines-trainingsplans

Carolin Nüssgen

Ausdauertraining. Erläuterung zur Aufstellung eines Trainingsplans

GRIN Verlag

Deutsche Hochschule für

Prävention und Gesundheitsmanagement

Hermann Neuberger Sportschule 3

66123 Saarbrücken

Einsendeaufgabe

Fachmodul:	Trainingslehre II
Studiengang:	BA Fitnessökonomie
Datum Präsenzphase:	07.12. – 09.12.2015
Name, Vorname:	Nüssgen, Carolin
Studienort:	**Köln**
Semester:	**WS 2014**

Inhaltsverzeichnis

1 Diagnose

Vor Beginn einer Trainingsplanung ist eine detaillierte Diagnose mit dem Kunden wichtig. Bei einem normalen Erwachsenen kann ab dem 35. Lebensjahr von mehr oder weniger starken Verengungen der Herzkranzgefäße ausgegangen werden. Dies kann unter Belastung zu einem Missverhältnis zwischen Sauerstoffbedarf und Sauerstoffangebot im Herzmuskel führen. Je größer der Unterschied zwischen Bedarf und Angebot ist, desto größer ist die Gefahr eines Herzinfarktes. Um eine Gefährdung des Kunden auszuschließen und einen für den Kunden individuell an seinen Leistungsstand angepassten Trainingsplan erstellen zu können, werden die allgemeinen und biometrischen Daten des Kunden in einem Diagnosegespräch erhoben.

1.1 Allgemeine und biometrische Daten

Die Erhebung der allgemeinen und biometrischen Daten der Kundin ist im weiteren Verlauf der Betreuung für eine erfolgreiche Trainingsplanung ausschlaggebend. Außerdem werden in der Diagnose die Ziele und die Motivation der Kundin formuliert. Die Tabellen 1 und 2 stellen die in einem Diagnosegespräch erhobenen allgemeinen und biometrischen Daten der Kundin dar.

Tab. 1: Allgemeine Daten der Kundin.

Alter	30 Jahre
Geschlecht	weiblich
Körpergröße	1,70 m
Körpergewicht	75 kg
Trainingsmotive	Blutdruck senken, Ausdauer steigern um an einem Firmenlauf (walken) über 7,5 km teilzunehmen, 15 kg abnehmen
Berufliche Tätigkeit	zeitweise sitzend im Büro, zeitweise stehend und gehend
Aktuelle sportliche Aktivität	seit 12 Wochen Krafttraining ohne Ausdauertraining 2 Mal wöchentlich
Frühere sportliche Aktivität	bis vor 8 Jahren 1 Mal wöchentlich joggen (maximal 25 Minuten)
Leistungsstufe	Trainingsbeginnerin
Trainingsumfang	2-3 Trainingseinheiten pro Woche
Zeitlich verfügbarer Rahmen	maximal 140 Minuten pro Woche

Tab. 2: Biometrische Daten der Kundin.

BMI	26 (leichtes Übergewicht, Normalgewicht liegt bei einem BMI zwischen 18,5 und 25) (WHO, Stand 2008)
Körperfettanteil	37% (hoch, der Normalwert liegt für Frauen zwischen 20 und 39 Jahren bei 21- 33%) (Gallagher et al., 2000)
Blutdruck	126/88 mmHg (hochnormal, normale Werte liegen zwischen 120-129/80-84 mmHg, Hochnormale Werte liegen zwischen 130-139/85-89 mmHg (American Heart Association (AHA)))
Ruhepuls	63 S/min (normal, normaler Ruhepulsbereich untrainierter Personen liegt zwischen 60- 80 S/min) (Weineck, 2003)
Allgemeiner Gesundheitszustand	hochnormaler Blutdruck, leichtes Übergewicht, Skoliose im LWS-Bereich ohne Einschränkungen, Schilddrüsenunterfunktion
Ärztliche Behandlung	regelmäßige Blutwertkontrolle alle 3 Monate
Einnahme von Medikamenten	L-Thyroxin 100μg
Sonstige gesundheitliche Einschränkungen	keine

Der Ruhepuls einer Person kann nur morgens direkt nach dem Aufwachen genau bestimmt werden. Werte, die im Laufe eines Tages gemessen werden, entsprechen dem Tagespuls und liegen 5- 10 S/min höher als der Ruhepuls (Weineck, 2003, S. 50). Um einen möglichst genauen Wert für den Ruhepuls zu erhalten, sollte die Kundin ihren Puls an fünf aufeinanderfolgenden Tagen selbst nach dem Aufwachen messen und den Mittelwert aus den gemessenen Werten bilden. Der Ruhepuls, das Alter und das Geschlecht werden benötigt um im weiteren Verlauf der Diagnostik die geeignete Belastungsintensität im Ausdauertraining zu bestimmen.

1.2 Leistungsdiagnostik / Ausdauertestung

Um für die Kundin einen Ausdauertrainingsplan erstellen zu können, muss zuvor ihr aktueller Leistungsstand getestet werden. Dabei werden ihre individuellen trainingswirksamen Belastungsbereiche ermittelt, auf deren Grundlage anschließend die Trainingssteuerung erfolgt. Somit dienen Ausdauertests als Referenzdatenanalyse zur Bestimmung des aktuellen Leistungszustandes und bilden die Grundlage zur Ableitung der optimalen Trainingsintensität. Außerdem wird der Test im Rahmen der Evaluation zur Dokumentation der Leistungsentwicklung unter Einsatz von Re-Tests genutzt. Um die Ausdauerleistungsfähigkeit einer Person zu testen, wird die Ergometrie verwendet. „Unter Ergometrie versteht man die quantitative Messung und Beurteilung der körperlichen Leistungsfähigkeit und Belastbarkeit von Gesunden und Kranken. Die Ergometrie erfolgt mit einer definierten Belastung, sie soll reproduzierbar sein, dosierbar, vergleichbar und objektiv" (Löllgen, 2009, S. 4). Bei den Testverfahren werden Dauertests mit konstanter physikalischer Leistung von Stufentests mit stufenweise steigender Belastung unterschieden. Bei einem Dauertest, wie beispielsweise dem Walking-Test, wird eine definierte Belastung, wie z. B. die Streckenlänge in km, vorgegeben, die über einen längeren Zeitraum aufrechterhalten werden soll. Umgekehrt kann auch ein Belastungszeitraum vorgegeben werden, wie es beim Cooper-Test der Fall ist. Die in diesem Zeitraum erbrachte Leistung wird mit den Normwerten verglichen.

Für die Kundin wird ein Stufentestverfahren gewählt bei dem die Belastungsintensität langsam aber kontinuierlich gesteigert wird. Als Testergometer wird der Fahrradergometer gewählt, da die koordinativen Anforderungen gering sind, die Belastung jederzeit reproduzierbar und die Gefahr von orthopädischen Fehlbelastungen ebenfalls gering ist. Nachteil der Fahrradergometrie kann eine muskuläre Erschöpfung sein, ohne dass eine ausreichende cardiopulmonale Belastung stattgefunden hat. Dieser Umstand ist bei der Kundin als gering einzustufen, da sie seit 12 Wochen ein regelmäßiges Krafttraining absolviert und daher die Beinmuskulatur entsprechende Belastungen absolvieren kann. Außerdem ist ihr beruflicher Alltag durch viele stehende und gehende Phasen geprägt, sodass eine frühzeitige Ermüdung vor Erreichen der Pulsobergrenze auszuschließen ist. Beim Stufentest soll untersucht werden, wie ihr Organismus auf die sich verändernde Belastung reagiert. Als Messparameter dient dabei die Herzfrequenz der Kundin. Weitere Parameter wären eine Laktatkonzentrationsmessung im Blut und die Sauerstoffaufnahme, wobei diese beiden Messverfahren in Gesundheitsstudios eher schwer durchführbar sind.

Die Eingangsbelastung beim Radergometer- Stufentest liegt in der Regel zwischen 25 und 50 Watt. Sie ist abhängig von der Leistungsfähigkeit der jeweiligen Testperson. Für die Kundin wird nach WHO- Schema eine Eingangsbelastung von 25 Watt gewählt, da sie aufgrund des leichten Übergewichts und des hochnormalen Blutdrucks nicht mit 50 Watt zu Beginn belastet werden soll. Außerdem hat sie seit 8 Jahren keinerlei Ausdauertraining mehr betrieben. Die Belastungssteigerung ist ebenfalls vom Trainingszustand der Person abhängig und kann zwischen 10 und 50 Watt liegen. Für die Kundin wird nach WHO- Schema eine Belastungssteigerung von 25 Watt angesetzt, da sie als untrainierte Person einzustufen ist. Die Stufendauer kann zwischen 2 und 3 Minuten gewählt werden. Für die Kundin werden nach WHO- Schema 2 Minuten Dauer gewählt um sicher zu stellen, dass sich ein Stoffwechselgleichgewicht auf jeden Fall einstellen kann. Die Trittfrequenz wird nach Testverfahren unterschieden. Bei submaximalen Belastungen liegen die Umdrehungszahlen zwischen 60 und 80 U/min und bei Maximalbelastungen zwischen 80 und 100 U/min (Rost, 2002, S. 53). Für die Kundin wird die Trittfrequenz 70 U/min festgelegt, da ein submaximaler Test durchgeführt werden soll. Dieser hat gegenüber dem maximalen Belastungstest den Vorteil, dass keine vollständige körperliche Ausbelastung erfolgt und somit keine subjektive Erschöpfung der Person vorliegt. Da die Herzfrequenz beim Submaximaltest bei steigender Belastung linear ansteigt, sind lediglich grobe Rückschlüsse auf die Ausdauerleistungsfähigkeit der Kundin möglich. Diese sind für die Ableitung von Trainingsempfehlungen jedoch vollkommen ausreichend. Beim Maximaltest spielt die Motivation der Testperson sich vollkommen auszubelasten eine große Rolle und die Gefahr der Überlastung ist viel größer als beim Submaximaltest. Das Testabbruchkriterium im Submaximaximaltest ist das Erreichen der festgelegten Pulsobergrenze der Testperson. Diese kann entweder nach der Formel 180-LA erfolgen (Rost, 2002, S. 57) oder im Rahmen des IPN-Tests mit Hilfe des Alters, des Geschlechts, des Ruhepulses und des wöchentlichen Ausdauertrainingsumfangs ermittelt werden. Die Testdauer sollte einen zeitlichen Umfang von 10-18 Minuten und vier bis sechs Belastungsstufen umfassen. Für die Kundin wird das IPN-Fahrradergometer-Ausdauertestverfahren (kurz: IPN-Test®) nach WHO- Schema ausgewählt, da es sich um ein abgeschlossenes Testverfahren handelt, aus dessen Ergebnissen sich die Trainingsempfehlungen direkt ableiten lassen. Die Pulsobergrenze wird anhand der folgenden Tabellen 3 und 4 ermittelt.

Tab. 3: Voreinstufung nach Ruheherzfrequenz und Lebensalter (modifiziert nach Trunz, 2001; Institut für Prävention und Nachsorge, 2004).

Alter/ Hf_{Ruhe}	< 20	20-29	30-39	40-49	50-59	60-69	>70
< 50 S/min	140 S/min	135 S/min	130 S/min	125 S/min	115 S/min	110 S/min	105 S/min
50-59 S/min	145 S/min	140 S/min	135 S/min	125 S/min	120 S/min	115 S/min	110 S/min
60-69 S/min	145 S/min	145 S/min	135 S/min	130 S/min	125 S/min	120 S/min	115 S/min
70-79 S/min	150 S/min	145 S/min	140 S/min	135 S/min	130 S/min	125 S/min	120 S/min
80-89 S/min	155 S/min	150 S/min	145 S/min	140 S/min	135 S/min	125 S/min	125 S/min
> 90 S/min	160 S/min	155 S/min	150 S/min	145 S/min	140 S/min	130 S/min	125 S/min

Aufgrund des Alters von 30 Jahren und des Ruhepulses der Kundin von 63 S/min wird aus der Tabelle 3 eine Pulsobergrenze von 135 S/min ermittelt. Je nach Trainingszustand wird gegebenenfalls ein Pulsaufschlag zu den ermittelten 135 S/min dazu addiert (vgl. Tab. 4). Da die Kundin seit 8 Jahren keinen Ausdauersport mehr betreibt, wird kein Aufschlag berechnet. Somit ergibt sich eine Pulsobergrenze von 135 S/min als Testabbruchkriterium.

Tab. 4: Voreinstufung unter zusätzlicher Berücksichtigung der Trainingshäufigkeit ausdauerrelevanter Aktivitäten (modifiziert nach Trunz, 2001; Institut für Prävention und Nachsorge, 2004).

Trainingszustand	Trainingshäufigkeit/ Woche	Stunden/ Woche	Pulsaufschlag
kein Ausdauertraining	kein Mal	0 Stunden	kein Aufschlag
wenig Ausdauertraining	1-2-mal	≤ 1Stunde	kein Aufschlag
moderates Ausdauertraining	2-3-mal	1-2 Stunden	plus 5 S/min
viel Ausdauertraining	3-4-mal	2-4 Stunden	plus 10 S/min
sehr viel Ausdauertraining	> 4-mal	> 4 Stunden	plus 15 S/min

Als Belastungsschema wird das WHO-Testschema gewählt, da die Kundin als untrainierte, leistungsschwächere Person eingestuft wird. Aufgrund der Voreinstufung bezüglich der Belastbarkeit der Kundin, bei der Alter, Geschlecht, Vorerkrankungen, Trainingszustand und Ruhepuls berücksichtigt worden sind, ergeben sich die in Tabelle 5 dargestellten Testparameter.

Tab. 5: Parameter für den IPN-Test nach WHO-Schema der Kundin.

Testgerät	Fahrradergometer
Eingangsbelastung	25 Watt
Belastungssteigerung	25 Watt
Stufendauer	2 Minuten
Trittfrequenz	70 U/min
Pulsobergrenze (ermittelt nach IPN)	135 S/min
Testgröße	Wattzahl der zuletzt durchgefahrenen Belastungsstufe nach Erreichen der Pulsobergrenze bzw. Zeitinterpolation, wenn die Pulsobergrenze vor Ende der Belastungsstufe erreicht wird

In Tabelle 6 und Abbildung 1 ist die Entwicklung der Herzfrequenz, die minütlich gemessen worden ist, dargestellt. Gleichzeitig zeigt die Abbildung 1 die Stufendauer und die Belastung bzw. die Belastungssteigerung an.

Tab. 6: Ergebnisse der Herzfrequenzmessung der Kundin während des IPN-Tests nach WHO-Schema auf dem Fahrradergometer während der angegebenen Belastung.

Zeit (min)	0	1	2	3	4	5	6	7
Herzfrequenz (S/min)	85	96	112	117	123	126	133	136
Belastung (Watt)	25	25	50	50	75	75	100	100

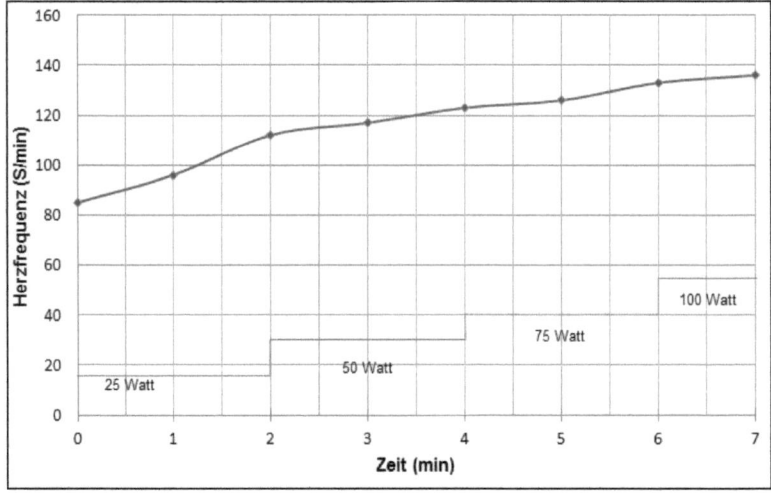

Abb. 1: Darstellung der Herzfrequenzentwicklung der Kundin während des IPN-Tests nach WHO- Schema mit gleichzeitiger Darstellung der Belastungssteigerung und der Stufendauer.

Die Kundin hat insgesamt drei Belastungsstufen bis einschließlich 75 Watt vollständig durchfahren. Nach 7 Minuten hat sie bei 100 Watt die definierte Pulsobergrenze nach IPN von 135 S/min überschritten. Danach wurde der Test beendet. Die Berechnung der Gesamtleistung erfolgt daher zeitinterpoliert: Die dritte Stufe mit 75 Watt wurde vollständig durchfahren, die vierte Stufe mit 100 Watt nur zur Hälfte. Daraus ergibt sich folgende Berechnung der Gesamtleistung: 75 W + (25 W : 2) = 87,5 W

Die Gesamtleistung der Kundin wird auf ihr Körpergewicht bezogen und somit ergibt sich eine relative Wattleistung von 77,5 W : 75 kg = 1,16 Watt/kg. Die erbrachte Leistung der Kundin bzw. ihr Trainingszustand bezogen auf die allgemeine aerobe Ausdauerleistungsfähigkeit wird anschließend mit der Norm-Soll-Leistungstabelle (vgl. Tabelle 7) für eine 30-jährige Frau verglichen.

Tab. 7: Normtabelle für submaximale Radergometertests – Relative Watt-Soll-Leistung (Watt pro kg) bei Frauen (modifiziert nach Institut für Prävention und Nachsorge, 2004).

Alter / Intensität	< 30	30-34	35-39	40-44	45-49	50-54	55-59	> 60	Bewertung
0,50	1,15	1,09	1,04	0,98	0,92	0,86	0,81	0,75	☹☹
0,51	1,2	1,14	1,08	1,02	0,96	0,90	0,84	0,78	☹☹
0,52	1,25	1,19	1,13	1,06	1,00	0,94	0,88	0,81	☹☹
0,53	1,3	1,24	1,17	1,11	1,04	0,98	0,91	0,85	☹☹
0,54	1,35	1,28	1,22	1,15	1,08	1,01	0,95	0,88	☹☹
0,55	1,40	1,33	1,26	1,19	1,12	1,05	0,98	0,91	☹
0,56	1,45	1,38	1,31	1,23	1,16	1,09	1,02	0,94	☹
0,57	1,50	1,43	1,35	1,28	1,20	1,13	1,05	0,98	☹
0,58	1,55	1,47	1,40	1,32	1,24	1,16	1,09	1,01	☹
0,59	1,60	1,52	1,44	1,36	1,28	1,20	1,12	1,04	☹
0,60	1,70	1,62	1,53	1,45	1,36	1,28	1,19	1,11	ø
0,61	1,80	1,71	1,62	1,53	1,44	1,35	1,26	1,17	ø
0,62	2,00	1,90	1,80	1,70	1,60	1,50	1,40	1,30	ø
0,63	2,10	2,00	1,89	1,79	1,68	1,58	1,47	1,37	☺
0,64	2,30	2,19	2,07	1,96	1,84	1,73	1,61	1,50	☺
0,65	2,40	2,28	2,16	2,04	1,92	1,80	1,68	1,56	☺
0,66	2,60	2,47	2,34	2,21	2,08	1,95	1,82	1,69	☺☺
0,67	2,80	2,66	2,52	2,38	2,24	2,10	1,96	1,82	☺☺
0,68	3,00	2,85	2,70	2,55	2,40	2,25	2,10	1,95	☺☺
0,69	3,20	3,04	2,88	2,72	2,56	2,40	2,24	2,08	☺☺
0,70	3,40	3,23	3,06	2,89	2,72	2,55	2,38	2,21	☺☺

Mit Hilfe dieser Tabelle ist ein interindividueller Leistungsvergleich möglich, d.h. dass das Ergebnis einen Vergleich mit anderen Personen gleichen Geschlechts, Alters und Leistungsstufe erlaubt. Anhand dieser Werte kann die Kundin als besser, schlechter oder genauso gut wie andere Frauen ihres Alters eingestuft werden. Die Werte der oberen Tabellenhälfte zeigen eine sehr schlechte bis schlechte Ausdauerleistungsfähigkeit an und in der unteren Tabellenhälfte sind die Werte für gut bis sehr gut ausdauertrainierte Personen dargestellt.

Mit einer relativen Watt-Soll-Leistung von 1,16 Watt/kg liegt die Kundin im erheblich unterdurchschnittlichen Leistungsbereich für ihre Altersgruppe.

1.3 Gesundheits- und Leistungsstatus der Person

Bewertung der Belastbarkeit und Trainierbarkeit

Der Blutdruck der Kundin liegt im hochnormalen Bereich, da der diastolische Wert bei 88 mmHg liegt. Der Körperfettanteil ist erhöht und der IPN-Test hat eine erheblich unterdurchschnittliche Ausdauerleistungsfähigkeit der Kundin ergeben. Da keine weiteren körperlichen und gesundheitlichen Einschränkungen bei der Kundin vorliegen, ist ein Ausdauertraining zu empfehlen, um den Blutdruck und das Gewicht zu senken. Aufgrund des erhöhten Blutdrucks, ist der Fahrradergometer nicht empfehlenswert. Da die Kundin seit 8 Jahren keinen Ausdauersport mehr betrieben hat, wird sie als untrainierte Person und Beginnerin eingestuft. Die Trainierbarkeit und Belastbarkeit der Kundin werden als normal bewertet.

2 Zielsetzung / Prognose

Unter der sportmotorischen Fähigkeit Ausdauer wird die Fähigkeit verstanden eine gegebene Belastung über einen definierten Zeitraum durchzuhalten, ohne vorzeitig physisch und psychisch zu ermüden und sich nach dieser Belastung möglichst schnell wieder regenerieren zu können. Mit einem regelmäßigen, gezielten und gesteuerten Ausdauertraining können sowohl die Ermüdungswiderstandsfähigkeit als auch die Regenerationsfähigkeit gesteigert werden (Grosser, Starischka & Zimmermann, 2008, S. 10).

Im Diagnosegespräch mit der Kundin hat diese als Trainingingsmotiv angegeben, dass sie in 9 Monaten an einem Firmenlauf teilnehmen möchte, bei dem sie eine Walking-Strecke von 7,5 km in unter 50 Minuten zurücklegen möchte. Dazu soll ihre Ausdauerleistung in einem Re-Test nach 4 Monaten bei 2,28 Watt/kg Körpergewicht liegen. Außerdem möchte sie ihren Blutdruck normalisieren, ihr Gewicht um 15 kg senken, um ihren jetzigen BMI von 26 in den normalen Bereich zwischen 18,5 und 25 abzusenken. Des Weiteren ist es ihr wichtig ihren Körperfettanteil von 37% um 10% zu senken, da dieser ebenfalls erhöht ist. Der Normbereich für Frauen zwischen 30 und 34 Jahren liegt zwischen 23- 30 %. Wenn sie ihren Körperfettanteil durch ein gezieltes Ausdauertraining in Kombination mit einem Krafttraining auf 27% senkt, liegt der Wert im normalen Bereich. Die Senkung des Körperfettanteils und des Gewichts wirken sich ebenfalls positiv auf die Entwicklung des Blutdrucks aus. Die ersten drei Ziele der Kundin sind mit ihrem Inhalt, dem Ausmaß und der Zeit in Tabelle 8 dargestellt. Um die Ziele Gewichtsreduktion und Körperfettabbau zu unterstützen, erhält die Kundin eine begleitende Ernährungsberatung mit einer Ernährungsumstellung.

Tab. 8: Festlegung der Ziele der Kundin mit Inhalt, Ausmaß und Zeit.

Inhalt	Ausmaß	Zeit
Blutdrucksenkung	systolisch bis zu 6 mmHg diastolisch 5- 8 mmHg	3 Monate
Steigerung der Ausdauer	1,12 Watt/ kg	4 Monate
Gewichtsreduktion	15 kg	6 Monate

3   Trainingsplanung Mesozyklus

3.1 Grobplanung Mesozyklus

In Tabelle 9 ist die Grobplanung des Mesozyklus der Kundin dargestellt.

Tab. 9: Grobplanung des Mesozyklus für die Kundin.

	Mesozyklus
Dauer	6 Wochen
Trainingsziel	Entwicklung der Grundlagenausdauer
Gesamttrainingsumfang in Minuten pro Woche	60- 135 Minuten
Trainingsmethoden	extensive Dauermethode variable Dauermethode
Belastungsintensitäten	45- 50% $Hf_{reserve}$ (regenerativ) 50- 60% $Hf_{reserve}$ (extensiv) 50- 70 % $Hf_{reserve}$ (variabel)
Trainingshäufigkeit/ Woche	2- 3-mal
Dauer/ TE	45- 60 min (regenerativ) 30- 50 min (extensiv) 30- 40 min (variabel)
Trainingsgeräte	Crosstrainer Laufband (Walking)

3.2 Detailplanung Mesozyklus

Für die Detailplanung des Mesozyklus in Tabelle 10 werden die Trainingsherzfrequenzen mithilfe der Karvonen-Formel berechnet:

$$\text{Thf} = (\text{Hf}_{max} - \text{Hf}_{Ruhe}) \times \text{Intensität in } \% + \text{Hf}_{Ruhe}$$

Thf = Trainingsherzfrequenz

Hf_{max} = maximale Herzfrequenz $(220 - \text{LA}) = 220\text{-}30 \text{ S/min} = 190 \text{ S/min}$

Hf_{Ruhe} = Ruheherzfrequenz

$(\text{Hf}_{max} - \text{Hf}_{Ruhe})$ = Herzfrequenzreserve

50% $\text{Hf}_{reserve}$: $\text{Thf} = (190 \text{ S/min} - 63 \text{ S/min}) \times 0,5 + 63 \text{ S/min}$
$$= 126,5 \text{ S/min} => 127 \text{ S/min}$$

Die für den Trainingsplan der Kundin benötigten Trainingsherzfrequenzen wurden entsprechend des obigen Beispiels berechnet.

Tab. 10: Darstellung eines 6-wöchigen Mesozyklus für die Kundin als Beginnerin zur Verbesserung der Grundlagenausdauer.

Woche 1	Mo	Fr	
Trainingsziel	GA1	GA1	
Trainingsmethode	extensive DM	extensive DM	
Trainingsintensität	50% $\text{Hf}_{reserve}$	50% $\text{Hf}_{reserve}$	
Trainingsherzfrequenz	127 S/min	127 S/min	
Trainingsdauer	30 min.	30 min.	
Trainingsgerät	Crosstrainer	Crosstrainer	
Woche 2	Mo	Mi	Fr
Trainingsziel	GA1	GA1	GA1
Trainingsmethode	extensive DM	extensive DM	extensive DM
Trainingsintensität	50% $\text{Hf}_{reserve}$	50% $\text{Hf}_{reserve}$	50% $\text{Hf}_{reserve}$
Trainingsherzfrequenz	127 S/min	127 S/min	127 S/min
Trainingsdauer	30 min.	30 min.	30 min.
Trainingsgerät	Crosstrainer	Laufband (Walken)	Crosstrainer
Woche 3	Mo	Mi	Fr
Trainingsziel	GA1	GA1	GA1
Trainingsmethode	extensive DM	extensive DM	extensive DM
Trainingsintensität	50% $\text{Hf}_{reserve}$	50% $\text{Hf}_{reserve}$	50% $\text{Hf}_{reserve}$
Trainingsherzfrequenz	127 S/min	127 S/min	127 S/min
Trainingsdauer	40 min.	40 min.	40 min.
Trainingsgerät	Laufband (Walken)	Crosstrainer	Laufband (Walk)

Woche 4	Mo	Mi	Fr
Trainingsziel	GA1	GA1	GA1
Trainingsmethode	extensive DM	variable DM	REKOM
Trainingsintensität	55% $Hf_{reserve}$	50% $Hf_{reserve}$ 70% $Hf_{reserve}$	45% $Hf_{reserve}$
Trainingsherzfrequenz	133 S/min	127 S/min 152 S/min	120 S/min
Trainingsdauer	45 min.	30 min. (5:5) je 3-minütige Intervalle	45 min.
Trainingsgerät	Crosstrainer	Laufband (Walken)	Crosstrainer
Woche 5	Mo	Mi	Fr
Trainingsziel	GA1	GA1	GA1
Trainingsmethode	extensive DM	variable DM	REKOM
Trainingsintensität	60% $Hf_{reserve}$	50% $Hf_{reserve}$ 70% $Hf_{reserve}$	45% $Hf_{reserve}$
Trainingsherzfrequenz	140 S/min	127 S/min 152 S/min	120 S/min
Trainings-dauer	45 min.	35 min. (5:5) je 3,5-minütige Intervalle	50 min.
Trainingsgerät	Crosstrainer	Laufband (Walken)	Crosstrainer
Woche 6	Mo	Mi	Fr
Trainingsziel	GA1	GA1	GA1
Trainingsmethode	variable DM (5:5)	REKOM	variable DM
Trainingsintensität	55% $Hf_{reserve}$ 70% $Hf_{reserve}$	45% $Hf_{reserve}$	55% $Hf_{reserve}$ 75% $Hf_{reserve}$
Trainingsherzfrequenz	133 S/min 152 S/min	120 S/min	133 S/min 158 S/min
Trainingsdauer	35 min. (5:5) je 3,5-minütige Intervalle	60 min.	40 min. (5:5) je 4-minütige Intervalle
Trainingsgerät	Laufband (Walken)	Crosstrainer	Laufband (Walken)

GA1= Grundlagenausdauer 1, DM= Dauermethode

3.3 Begründung zum Mesozyklus

Dem in Tabelle 10 dargestellten Mesozyklus der Kundin liegen die Prinzipien der Trainingssteuerung nach Zintl & Eisenhut (2001) zu Grunde. Das Prinzip der progressiven Belastungssteigerung besagt, dass zunächst die Häufigkeit der Trainingseinheiten erhöht wird, bevor der Umfang und anschließend die Intensität gesteigert werden. Daher beginnt die Kundin in der ersten Trainingswoche mit 2 Trainingseinheiten von je 30 Minuten Dauer, um ein Beginnertraining zu absolvieren. Die Häufigkeit wird dann in der darauffolgenden Woche auf 3 Trainingseinheiten pro Woche gesteigert. In den folgen Wochen werden 3 Trainingseinheiten pro Woche beibehalten, um das Prinzip der Dauerhaftigkeit und Kontinuität anzuwenden, nach dem die minimale Trainingshäufigkeit 1- 2 Trainingseinheiten pro Woche, optimaler Weise jedoch 3- 4 Trainingseinheiten pro Woche beträgt. Das Prinzip des trainingswirksamen Reizes sieht vor, dass eine trainingswirksame Mindestreizschwelle überschritten werden muss, um eine Anpassungs-reaktion des Körpers auszulösen. Um diese Mindestreizschwelle zu überschreiten, sollte die Belastungsintensität nach ASCM (2006b) bei 45- 50% $Hf_{reserve}$ liegen. Aufgrund des jungen Alters und der normalen Trainierbarkeit der Kundin wurde in Woche 1 bis 3 eine Trainingsintensität von 50% $Hf_{reserve}$ bei der extensiven Dauermethode zum Aufbau der Grundlagenausdauer 1 gewählt. Die individuelle Belastungsdosierung wurde unter An-wendung der Karvonen- Formel vorgenommen, bei der sowohl das Alter als auch der Trainingszustand bzw. der Ruhepuls der Kundin berücksichtigt werden. In Woche 2 wurde zusätzlich das Prinzip der variierenden Belastung berücksichtigt, welches besagt, dass ein planvoller Wechsel der Ausdauergeräte und der Methode zu einer ständigen Stimulation des Körpers führen. Immer gleiche Belastungsreize führen zu einer redu-zierten Reizverarbeitung und somit zu einer Gewöhnung des Körpers an die Belastung. Durch die Variation der Trainingsgeräte kommt es zu einer besseren Anpassung des Körpers an die Belastung. Um dieses Prinzip im Training umzusetzen, wird zwischen einem Training auf dem Crosstrainer und dem Laufband abgewechselt. In Woche 3 des Mesozyklus wurde der Trainingsumfang von 90 Minuten auf 120 Minuten Training in der Woche erhöht, um die Grundlagenausdauer weiter zu steigern und das Fettstoff-wechseltraining weiter zu fördern. Nach dem Prinzip der variierenden Belastung und dem Prinzip des optimalen Verhältnisses zwischen Belastung und Erholung wird ab Woche 4 zwischen der extensiven und der variablen Dauermethode und einem RE-KOM-Training abgewechselt. Letzteres Prinzip besagt, dass ein optimales Verhältnis zwischen Belastung und Erholung innerhalb eines Wochenzyklus vorliegen sollte. Die REKOM-Einheit soll dabei als regeneratives Training nach dem Training nach der va-riablen Dauermethode zu einer besseren Regeneration der Kundin beitragen. Durch den Einsatz der variablen Dauermethode sollen der Körperfettanteil gesenkt, die Grundla-genausdauer weiter entwickelt und stabilisiert und die aerobe Fitness weiter verbessert werden. In den Wochen 4- 6 werden die Umfänge und Intensitäten der Trainingseinhei-ten erhöht, da eine Steigerung der Häufigkeit aufgrund der Vorgaben der Kundin 2- 3-mal wöchentlich zu trainieren nicht umsetzbar ist. Um eine Verbesserung der Laktat-kompensation zu erreichen, werden die Intensitäten der variablen Dauermethode von Woche 5 zu Woche 6 erhöht.

4 Literaturrecherche zu den Effekten eines Ausdauertrainings bei Diabetes mellitus Typ 2

Tab. 11: Vergleich zweier Studien zu den Effekten des Ausdauertrainings bei Diabetes mellitus Typ 2.

Thema	Effekte eines Ausdauertrainings im Vergleich zu den Effekten eines Krafttrainings bei Patienten mit Diabetes mellitus Typ 2	Effekte eines Ausdauertrainings, eines Krafttrainings und eines kombinierten Trainings im Vergleich bei Patienten mit Diabetes mellitus Typ 2
Wer hat die Studie durchgeführt?	Cauza et al.	Yavari et al.
In welchem Jahr wurde die Studie publiziert?	2005	2012
Versuchspersonen	39 Probanden, randomisierte, kontrollierte Studie in 2 Gruppen Gruppe 1: 22 Probanden 11 Männer, 11 Frauen Durchschnittsalter: 56,2 +/- 1,1 Jahre Erkrankt seit 8,8 +/- 3,5 Jahren Gruppe 2: 17 Probanden 9 Männer, 8 Frauen Durchschnittsalter: 57,9 +/- 1,4 Jahre Erkrankt seit 9,2 +/- 1,7 Jahren	80 Probanden (37 Männer, 43 Frauen), randomisiert in 4 Gruppen mit 20 jeweils 20 Mitgliedern eingeteilt Alter: 33- 69 Jahre Gruppe 1: Ausdauertraining Gruppe 2: Krafttraining Gruppe 3: Kombiniertes Kraft- unf Ausdauertraining Gruppe 4: Kontrollgruppe ohne Training
Versuchsaufbau	– Gruppe 1 absolvierte 4 Monate ein Krafttraining mit bis zu sechs Sätzen pro Muskelgruppe pro Woche. – Gruppe 2 absolvierte4 Monate ein aerobes Ausdauertraining mit drei Trainingseinheiten pro Woche, mit 60% VO_2max und einer Intensität zwischen 15 und 30 Minuten. – In Labortests wurden der Blutzuckerspiegel, der Glykohämoglobinwert HbA1c, der Insulinspiegel und die Lipidzusammensetzung der Probanden regelmäßig kontrolliert.	– Trainingshäufigkeit: 3x pro Woche – Dauer: 52 Wochen – Messung zu Beginn des Trainingsjahres. – Messparameter: HbAc1- Wert, Blutzuckerspiegel nach einer Mahlzeit, Blutdruck, VO_2max, Muskelmasse(%), Plasmatriglycerid-Wert, Körperfettanteil (%) – Nach einem Jahr nahmen 60 Probanden an den Kontrollmessungen teil.

Ergebnisse	– signifikante Senkung des HbAc1-Wertes von 8,3 +/-1,7% auf 7,1 +/-0,2% nur bei den Probanden, die das Krafttraining durchführten – Der Blutzuckerspiegel sank hingegen bei der Ausdauertrainingsgruppe von 204 mg/dL auf 147 mg/dL ab. – Auch der Insulinspiegel verbesserte sich deutlich bei den Ausdauertrainierenden von 9,11 +/-1,51 auf 7,15 +/-1,15. – Sowohl beim Blutzuckerspiegel als auch beim Insulinspiegel konnten keine nennenswerten Veränderungen bei den Probanden in der Krafttrainingsgruppe gemessen werden. – In der Krafttrainingsgruppe sind der Gesamtcholesterinspiegel von 207+/-8 mg/dL auf 184+/-7 mg/dL, der LDL-Cholesterin-Wert von 120+/-8 mg/dL auf 106+/-8 mg/dL und der Triglyceridspiegel von 229+/-25 mg/dL auf 150+/-15 mg/dL gesunken. Der HDL-Cholesterin-Wert ist von 43+/-3 mg/dL auf 48+/-2 mg/dL gestiegen. – Im Gegensatz dazu konnten in der Ausdauertrainingsgruppe keine derartigen Veränderungen der Blutwerte bei den Probanden festgestellt werden.	– signifikante Senkung des HbAc1-Wertes in allen drei Trainingsgruppen – Verbesserungen im Blutzuckerspiegel nach dem Essen, des Blutdrucks, des VO_2max- Wertes und der prozentualen Muskelmasse in allen drei Trainingsgruppen. – Senkung des Körperfettwertes bei den Probanden der Krafttrainingsgruppe und der Kraft- und Ausdauer-Gruppe. – Die Kombination beider Trainingsformen führt zu einer erheblichen Verbesserung des HbA1c-Wertes und der Triglyceride im Vergleich zu isoliertem Kraft- oder isoliertem Ausdauertraining.
Schlussfolgerung	Das Krafttraining ist zur Verbesserung der untersuchten Blutwerte bei Patienten mit Diabetes mellitus Typ 2 effektiver als Ausdauertraining.	Sowohl das Ausdauertraining als auch das Krafttraining eignen sich um die physischen Werte eines Patienten mit Diabetes mellitus Typ 2 zu verbessern. Die Kombination beider Trainings bringt jedoch die größten positiven Veränderungen.

5   Literaturverzeichnis

American College of Sports Medicine (ASCM). (2006b). *ACSM's Guidelines for Exercise Testing and Prescription* (7. ed.). Philadelphia: Lippincott Williams & Wilkins.

Cauza E, Hanusch-Enserer U, Strasser B, Ludvik B, Metz-Schimmerl S, Pacini G, Wagner O, Georg P, Prager R, Kostner K, Dunky A, Haber P (2005). *The relative benefits of endurance and strength training on the metabolic factors and muscle function of people with type 2 diabetes mellitus.* Arch Phys Med Rehabil. Vol. 86 (8): 1527-33.

Gallagher, D., Heymsfield, S.B., Moonseong, H., Jebb, S. A., Murgatroyd, P. R. & Sakamoto, Y. (2000). Healthy percentage body fat ranges: an approach for developing guidelines based on body mass index., *American Journal of Clinical Nutrition, 72.*

Grosser, M., Starischka, S. & Zimmermann, E. (2008). *Das neue Konditionstraining.* München: BLV Sportwissen.

Löllgen, H. (2009), Definition und Methoden. In H. Löllgen, E. Erdmann & A. K. Gitt (2009). *Ergometrie.* Heidelberg: Springer.

Rost, R. (2002). *Lehrbuch der Sportmedizin.* Köln: Deutscher Ärzte-Verlag.

Bweir S, Al-Jarrah M, Almalty AM, Maayah M, Smirnova IV, Novikova L, Stehno-Bittel L. (2009). Resistance exercise training lowers HbA1c more than aerobic training in adults with type 2 diabetes. *Diabetologic Metabolic Syndrom.* Dec 10;1:27. doi: 10.1186/1758-5996-1-27.

Weineck, J. (2003). *Ausdauertraining. Trainingssteuerung über die Herzfrequenz- und Milchsäurebestimmung.* Balingen: Spitta.

Zintl, F. & Eisenhut, A. (2001). *Ausdauertraining. Grundlagen – Methoden - Trainingssteuerung* (5. Aufl.). München: BLV Sportwissen.

6 Abbildungs- und Tabellenverzeichnis

6.1 Abbildungsverzeichnis

6.2 Tabellenverzeichnis